BATAILLE

DE

PREUSSISCH-EYLAU.

BATAILLE
DE PREUSSISCH-EYLAU,

GAGNÉE PAR LA GRANDE-ARMÉE,

COMMANDÉE EN PERSONNE

PAR S. M. NAPOLÉON I.ᵉʳ,

EMPEREUR DES FRANÇAIS, ROI D'ITALIE,

SUR LES ARMÉES COMBINÉES

DE PRUSSE ET DE RUSSIE,

LE 8 FÉVRIER 1807:

Avec trois Plans et deux Cartes.

PARIS.
1807.

BATAILLE

DE

PREUSSICH-EYLAU.

55.e BULLETIN DE LA GRANDE-ARMÉE.

Varsovie, le 29 Janvier 1807.

Le maréchal prince de Ponte-Corvo arriva à Mohrungen avec la division Drouet, le 25 de ce mois, à onze heures du matin, au moment où le général de brigade Pacthod était attaqué par l'ennemi.

Le maréchal prince de Ponte-Corvo fit attaquer sur-le-champ le village de Pfarresfeldehen par un bataillon du 9.e d'infanterie légère. Ce village était défendu par trois bataillons russes, que l'ennemi fit soutenir par trois autres bataillons. Le prince de Ponte-Corvo fit aussi marcher deux autres bataillons pour appuyer celui du 9.e La mêlée fut très-vive. L'aigle du 9.e régiment d'infanterie légère fut enlevée par l'ennemi; mais, à l'aspect de cet affront dont ce brave régiment allait être couvert pour toujours, et que ni la victoire, ni la gloire acquise dans cent combats, n'auraient lavé, les soldats, animés d'une ardeur inconcevable, se précipitent sur l'ennemi, le mettent en déroute, et ressaisissent leur aigle.

Cependant la ligne française, composée du 8.e de ligne, du 27.e d'infanterie légère, et du 94.e, était formée. Elle aborde la ligne russe, qui avait pris position sur un rideau. La fusillade devient vive et à bout portant.

A l'instant même le général Dupont débouchait de la route d'Holland avec les 32.e et 96.e régimens. Il tourna la droite de l'ennemi. Un bataillon du 32.e régiment se précipita sur les Russes avec l'impétuosité ordinaire à ce corps; il les mit en désordre et leur tua beaucoup de monde. Il ne fit de prisonniers que les hommes qui étaient dans les

A

maisons. L'ennemi a été poursuivi pendant deux lieues. La nuit a empêché de continuer la poursuite. Les comtes Pahlen et Gallitzin commandaient les Russes. Ils ont perdu 300 hommes faits prisonniers, 1200 hommes laissés sur le champ de bataille, et plusieurs obusiers. Nous avons eu 100 hommes tués et 400 blessés.

Le général de brigade Laplanche s'est fait distinguer. Le 19.e de dragons a fait une belle charge sur l'infanterie russe. Ce qui est à remarquer, ce n'est pas seulement la bonne conduite des soldats et l'habileté des généraux, mais la rapidité avec laquelle les corps ont levé leurs cantonnemens, et fait une marche très-forte pour toutes autres troupes, sans qu'il manquât un seul homme sur le champ de bataille. Voilà ce qui distingue éminemment des soldats qui ne sont mus que par l'honneur.

Le froid se soutient entre deux et trois degrés; c'est le temps le plus favorable pour l'armée.

56.e BULLETIN DE LA GRANDE-ARMÉE.

Arensdorf, le 5 Février 1807.

APRÈS le combat de Mohrungen, où elle avait été battue et mise en déroute, l'avant-garde de l'armée russe se retira sur Liebstadt. Mais le surlendemain, 27 janvier, plusieurs divisions russes la joignirent, et toutes étaient en marche pour porter le théâtre de la guerre sur le bas de la Vistule.

Le corps du général Essen, accouru du fond de la Moldavie, où il était d'abord destiné à servir contre les Turcs, et plusieurs régimens qui étaient en Russie, mis en marche depuis quelque temps des extrémités de ce vaste empire, avaient rejoint les corps d'armée.

L'EMPEREUR donna ordre au prince de Ponte-Corvo de battre en retraite, et de favoriser les opérations offensives de l'ennemi, en l'attirant sur le bas de la Vistule. Il ordonna en même temps la levée de ses quartiers d'hiver.

Le 5.e corps, commandé par le général Savary, le maréchal Lannes étant malade, se trouva réuni le 31 janvier à Brok, devant tenir en échec le corps du général Essen cantonné sur le haut Bug.

Le 3.e corps se trouva réuni à Mysziniec;
Le 4.e corps à Willenberg;
Le 6.e corps à Gilgenburg;
Le 7.e corps à Neidenburg.

L'EMPEREUR partit de Varsovie, et arriva le 31 au soir à Willenberg.

Le grand-duc s'y était rendu depuis deux jours, et y avait réuni toute sa cavalerie.

Le prince de Ponte-Corvo avait successivement évacué Osterode, Löbau, et s'était jeté sur Strassburg.

Le maréchal Lefebvre avait réuni le 10.ᵉ corps à Thorn pour la défense de la gauche de la Vistule et de cette ville.

Le 1.ᵉʳ février on se mit en marche. On rencontra à Passenheim l'avant-garde ennemie, qui prenait l'offensive, et se dirigeait déjà sur Willenberg. Le grand-duc, avec plusieurs colonnes de cavalerie, la fit charger, et entra de vive force dans la ville.

Le corps du maréchal Davoust se porta à Ortelsburg.

Le 2, le grand-duc de Berg se porta à Allenstein avec le corps du maréchal Soult.

Le corps du maréchal Davoust marcha sur Wartenburg.

Les corps des maréchaux Augereau et Ney arrivèrent dans la journée du 3 à Allenstein.

Le 3 au matin, l'armée ennemie, qui avait rétrogradé en toute hâte, se voyant tournée par son flanc et jetée sur cette Vistule qu'elle s'était tant vantée de vouloir passer, parut rangée en bataille, la gauche appuyée au village de Mondtken, le centre à Jukedorf, couvrant la grande route de Liebstadt.

Combat de Bergfried.

L'EMPEREUR se porta au village de Getkendorf, et plaça en bataille le corps du maréchal Ney sur la gauche, le corps du maréchal Augereau au centre, et le corps du maréchal Soult à la droite, la garde impériale en réserve. Il ordonna au maréchal Soult de se porter sur le chemin de Guttstadt, et de s'emparer du pont de Bergfried, pour déboucher sur les derrières de l'ennemi avec tout son corps d'armée, manœuvre qui donnait à cette bataille un caractère décisif. Vaincu, l'ennemi était perdu sans ressource.

Le maréchal Soult envoya le général Guyot, avec sa cavalerie légère, s'emparer de Guttstadt, où il prit une grande partie du bagage de l'ennemi et fit successivement 1600 prisonniers russes. Guttstadt était son centre de dépôts. Mais au même moment le maréchal Soult se portait sur le pont de Bergfried avec les divisions Leval et Legrand. L'ennemi, qui sentait que cette position importante protégeait la retraite de son flanc gauche, défendait ce pont avec douze de ses meilleurs bataillons. A trois heures après midi, la canonnade s'engagea. Le 4.ᵉ régiment de ligne et le 24.ᵉ d'infanterie légère eurent la gloire d'aborder les premiers l'ennemi. Ils soutinrent leur vieille réputation. Ces deux régimens seuls, et un bataillon du 28.ᵉ en réserve, suffirent pour débusquer l'ennemi, passèrent au pas de charge le pont, enfoncèrent les douze bataillons russes, prirent quatre pièces de canon, et couvrirent le champ de bataille de morts et de blessés. Le 46.ᵉ et le 55.ᵉ, qui formaient la seconde brigade, étaient derrière, impatiens de se déployer : mais déjà l'ennemi en déroute abandonnait, épouvanté, toutes ses belles positions; heureux présage pour la journée du lendemain.

Dans le même temps, le maréchal Ney s'emparait d'un bois où l'ennemi avait appuyé sa droite; la division Saint-Hilaire s'emparait du village du centre; et le grand-duc de Berg, avec une division de dragons placée par escadrons au centre, passait le bois et balayait la plaine, afin d'éclaircir le devant de notre position. Dans ces petites attaques partielles, l'ennemi fut repoussé et perdit une centaine de prisonniers. La nuit surprit ainsi les deux armées en présence.

Le temps est superbe pour la saison; il y a trois pieds de neige; le thermomètre est à deux ou trois degrés de froid.

A la pointe du jour du 4, le général de cavalerie légère Lasalle battit la plaine avec ses hussards. Une ligne de cosaques et de cavalerie ennemie vint sur-le-champ se placer devant lui. Le grand-duc de Berg forma en ligne sa cavalerie, et marcha pour reconnaître l'ennemi. La canonnade s'engagea; mais bientôt on acquit la certitude que l'ennemi avait profité de la nuit pour battre en retraite, et n'avait laissé qu'une arrière-garde de la droite, de la gauche et du centre. On marcha à elle, et elle fut menée battant pendant six lieues. La cavalerie ennemie fut culbutée plusieurs fois: mais les difficultés d'un terrain montueux et inégal s'opposèrent aux efforts de la cavalerie. Avant la fin du jour, l'avant-garde française vint coucher à Deppen. L'EMPEREUR coucha à Schölitten.

Le 5, à la pointe du jour, toute l'armée française fut en mouvement. A Deppen, l'EMPEREUR reçut le rapport qu'une colonne ennemie n'avait pas encore passé la Passarge, et se trouvait ainsi débordée par notre gauche, tandis que l'armée russe rétrogradait toujours sur les routes d'Arensdorf et de Landsberg. Sa Majesté donna l'ordre au grand-duc de Berg et aux maréchaux Soult et Davoust de poursuivre l'ennemi dans cette direction. Elle fit passer la Passarge au corps du maréchal Ney, avec la division de cavalerie légère du général Lasalle et une division de dragons, et lui donna l'ordre d'attaquer le corps ennemi qui se trouvait coupé.

Combat

Combat de Wolfensdorf.

Le grand-duc de Berg, arrivé sur la hauteur de Wolfensdorf, se trouva en présence de 8 à 9000 hommes de cavalerie. Plusieurs charges successives eurent lieu, et l'ennemi fit sa retraite.

Combat de Deppen.

Pendant ce temps, le maréchal Ney se canonnait et était aux prises avec le corps ennemi qui était coupé. L'ennemi voulut un moment essayer de forcer le passage; mais il vint trouver la mort au milieu de nos baïonnettes. Culbuté au pas de charge et mis dans une déroute complète, il abandonna canons, drapeaux et bagages. Les autres divisions de ce corps, voyant le sort de leur avant-garde, battirent en retraite. A la nuit nous avions déjà fait plusieurs milliers de prisonniers, et pris seize pièces de canon.

Cependant, par ces mouvemens, la plus grande partie des communications de l'armée russe ont été coupées. Ses dépôts de Guttstadt et de Liebstadt, et une partie de ses magasins de l'Alle, avaient été enlevés par notre cavalerie légère.

Notre perte a été peu considérable dans tous ces petits combats; elle se monte à 80 ou 100 morts, et à 3 ou 400 blessés. Le général Gardanne, aide-de-camp de l'Empereur et gouverneur des pages, a eu une forte contusion à la poitrine. Le colonel du 4.ᵉ régiment de dragons a été grièvement blessé. Le général de brigade Latour-Maubourg a été blessé d'une balle dans le bras. L'adjudant-commandant Lauberdière, chargé du détail des hussards, a été blessé dans une charge. Le colonel du 4.ᵉ régiment de ligne a été blessé.

57.ᵉ BULLETIN DE LA GRANDE-ARMÉE.

A Preussich-Eylau, le 7 Février 1807.

LE 6 au matin, l'armée se mit en marche pour suivre l'ennemi : le grand-duc de Berg, avec le corps du maréchal Soult, sur Landsberg; le corps du maréchal Davoust, sur Heilsberg; et celui du maréchal Ney, sur Wormditt, pour empêcher le corps coupé à Deppen de s'élever.

Combat de Hoff.

Arrivé à Glandau, le grand-duc de Berg rencontra l'arrière-garde ennemie, et la fit charger entre Glandau et Hoff. L'ennemi déploya plusieurs lignes de cavalerie qui paraissaient soutenir cette arrière-garde, composée de douze bataillons, ayant le front sur les hauteurs de Landsberg. Le grand-duc de Berg fit ses dispositions. Après différentes attaques sur la droite et sur la gauche de l'ennemi, appuyées à un mamelon et à un bois, les dragons et les cuirassiers de la division du général d'Hautpoul firent une brillante charge, culbutèrent et mirent en pièces deux régimens d'infanterie russe. Les colonels, les drapeaux, les canons et la plupart des officiers et soldats furent pris. L'armée ennemie se mit en mouvement pour soutenir son arrière-garde. Le maréchal Soult était arrivé : le maréchal Augereau prit position sur la gauche, et le village de Hoff fut occupé. L'ennemi sentit l'importance de cette position, et fit marcher dix bataillons pour le reprendre. Le grand-duc de Berg fit exécuter une seconde charge par les cuirassiers, qui les prirent en flanc et les écharpèrent. Ces manœuvres sont de beaux faits d'armes, et font le plus grand honneur à ces intrépides cuirassiers. Cette journée mérite une relation particulière : une partie des deux armées passa la nuit du 6 au 7 en présence. L'ennemi fila pendant la nuit.

A la pointe du jour, l'avant-garde française se mit en marche, et rencontra l'arrière-garde ennemie entre le bois et la petite ville d'Eylau. Plusieurs régimens de chasseurs à pied ennemis qui la défendaient, furent chargés et en partie pris. On ne tarda pas à arriver à Eylau, et à reconnaître que l'ennemi était en position derrière cette ville.

58.ᵉ BULLETIN DE LA GRANDE-ARMÉE.

A Preussich-Eylau, le 9 Février 1807.

Combat d'Eylau.

A un quart de lieue de la petite ville de Preussich-Eylau, est un plateau qui défend le débouché de la plaine. Le maréchal Soult ordonna au 46.ᵉ et au 18.ᵉ régiment de ligne de l'enlever. Trois régimens qui le défendaient furent culbutés ; mais au même moment une colonne de cavalerie russe chargea l'extrémité de la gauche du 18.ᵉ, et mit en désordre un de ses bataillons. Les dragons de la division Klein s'en aperçurent à temps; les troupes s'engagèrent dans la ville d'Eylau. L'ennemi avait placé dans une église et un cimetière plusieurs régimens. Il fit là une opiniâtre résistance; et après un combat meurtrier de part et d'autre, la position fut enlevée à dix heures du soir. La division Legrand prit ses bivouacs au-devant de la ville, et la division Saint-Hilaire à la droite; le corps du maréchal Augereau se plaça sur la gauche. Le corps du maréchal Davoust avait, dès la veille, marché pour déborder Eylau, et tomber sur le flanc gauche de l'ennemi, s'il ne changeait pas de position; le maréchal Ney était en marche pour le déborder sur son flanc droit. C'est dans cette position que la nuit se passa.

Bataille d'Eylau.

A la pointe du jour, l'ennemi commença l'attaque par une vive canonnade sur la ville d'Eylau et sur la division Saint-Hilaire.

L'EMPEREUR se porta à la position de l'église que l'ennemi avait tant défendue la veille. Il fit avancer le corps du maréchal Augereau, et fit canonner le monticule par quarante pièces d'artillerie de sa garde. Une épouvantable canonnade s'engagea de part et d'autre.

L'armée russe, rangée en colonnes, était à demi-portée de canon: tout coup frappait. Il parut un moment, aux mouvemens de l'ennemi, qu'impatienté de tant souffrir, il voulait déborder notre gauche. Au même moment, les tirailleurs du maréchal Davoust se firent entendre, et arrivèrent sur les derrières de l'armée ennemie: le corps du maréchal Augereau déboucha en même temps en colonnes, pour se porter sur le centre de l'ennemi, et, partageant ainsi son attention, l'empêcher de se porter tout entier contre le corps du maréchal Davoust; la division Saint-Hilaire déboucha sur la droite, l'une et l'autre devant manœuvrer pour se réunir au maréchal Davoust. A peine le corps du maréchal Augereau et la division Saint-Hilaire eurent-ils débouché, qu'une neige épaisse, et telle qu'on ne distinguait pas à deux pas, couvrit les deux armées. Dans cette obscurité, le point de direction fut perdu, et les colonnes, s'appuyant trop à gauche, flottèrent incertaines. Cette désolante obscurité dura une demi-heure. Le temps s'étant éclairci, le grand-duc de Berg, à la tête de la cavalerie, et soutenu par le maréchal Bessières à la tête de la garde, tourna la division Saint-Hilaire, et tomba sur l'armée ennemie: manœuvre audacieuse, s'il en fut jamais, qui couvrit de gloire la cavalerie, et qui était devenue nécessaire dans la circonstance où se trouvaient nos colonnes. La cavalerie ennemie, qui voulut s'opposer à cette manœuvre, fut culbutée; le massacre fut horrible. Deux lignes d'infanterie russe furent rompues; la troisième ne résista qu'en s'adossant à un bois. Des escadrons de la garde traversèrent deux fois toute l'armée ennemie.

Cette charge brillante et inouïe qui avait culbuté plus de 20,000 hommes d'infanterie, et les avait obligés à abandonner leurs pièces, aurait décidé sur-le-champ la victoire sans le bois et quelques difficultés de terrain. Le général de division d'Hautpoul fut blessé d'un biscaïen. Le général Dalhmann, commandant les chasseurs de la garde, et un bon nombre de ses intrépides soldats, moururent avec gloire. Mais les 100 dragons, cuirassiers ou soldats de la garde que l'on trouva sur le champ de bataille, on les y trouva environnés de plus de 1000 cadavres ennemis. Cette partie du champ de bataille fait horreur à voir. Pendant ce temps, le corps du maréchal Davoust débouchait derrière l'ennemi. La neige, qui plusieurs fois dans la journée obscurcit le temps, retarda aussi sa marche et l'ensemble de ses colonnes. Le mal de l'ennemi est immense; celui que nous avons éprouvé est considérable. Trois cents bouches à feu ont vomi la mort de part et d'autre pendant douze heures. La victoire, long-temps incertaine, fut décidée et gagnée, lorsque le maréchal Davoust déboucha sur le plateau, et déborda l'ennemi, qui, après avoir fait de vains efforts pour le reprendre, battit en retraite. Au même moment, le corps du maréchal Ney débouchait par Althoff sur la gauche, et poussait devant lui le reste de la colonne prussienne échappée au combat de Deppen. Il vint se placer le soir au village de Schmoditten; et par-là l'ennemi se trouva tellement serré entre les corps des maréchaux Ney et Davoust, que, craignant de voir son arrière-garde compromise, il résolut, à huit heures du soir, de reprendre le village de Schmoditten. Plusieurs bataillons de grenadiers russes, les seuls qui n'eussent pas donné, se présentèrent à ce village; mais le 6.e régiment d'infanterie légère les laissa approcher à bout portant, et les mit dans une entière déroute. Le lendemain, l'ennemi a été poursuivi jusqu'à la rivière de Frisching. Il se retire au-delà de la Pregel. Il a abandonné sur le champ de bataille seize pièces de canon et ses blessés : toutes les maisons des villages qu'il a parcourus la nuit, en sont remplies.

Le maréchal Augereau a été blessé d'une balle. Les généraux Desjardins, Heudelet, Lochet, ont été blessés. Le général Corbineau a été enlevé par un boulet. Le colonel Lacuée du 63.e, et le colonel Lemarois du 43.e, ont été tués par des boulets. Le colonel Bouvières du 11.e régiment de dragons n'a pas survécu à ses blessures. Tous sont morts avec gloire. Notre perte se monte exactement à 1900 morts et à 5700

5700 blessés, parmi lesquels un millier qui le sont grièvement, seront hors de service. Tous les morts ont été enterrés dans la journée du 10. On a compté sur le champ de bataille 7000 Russes.

Ainsi l'expédition offensive de l'ennemi, qui avait pour but de se porter sur Thorn en débordant la gauche de la Grande-Armée, lui a été funeste. Douze à quinze mille prisonniers, autant d'hommes hors de combat, dix-huit drapeaux, quarante-cinq pièces de canon, sont les trophées trop chèrement payés sans doute par le sang de tant de braves.

De petites contrariétés de temps qui auraient paru légères dans toute autre circonstance, ont beaucoup contrarié les combinaisons du général français. Notre cavalerie et notre artillerie ont fait des merveilles. La garde à cheval s'est surpassée, c'est beaucoup dire. La garde à pied a été toute la journée l'arme au bras, sous le feu d'une épouvantable mitraille, sans tirer un coup de fusil ni faire aucun mouvement : les circonstances n'ont point été telles qu'elle ait dû donner. La blessure du maréchal Augereau a été aussi un accident défavorable, en laissant, pendant le plus fort de la mêlée, son corps d'armée sans chef capable de le diriger.

Ce récit est l'idée générale de la bataille. Il s'est passé des faits qui honorent le soldat français : l'état-major s'occupe de les recueillir.

La consommation en munitions à canon a été considérable; elle a été beaucoup moindre en munitions d'infanterie.

L'aigle d'un des bataillons du 18.e régiment ne s'est pas retrouvée; elle est probablement tombée entre les mains de l'ennemi. On ne peut en faire un reproche à ce régiment : c'est, dans la position où il se trouvait, un accident de guerre; toutefois l'EMPEREUR lui en rendra une autre, lorsqu'il aura pris un drapeau à l'ennemi.

Cette expédition est terminée; l'ennemi battu est rejeté à cent lieues de la Vistule. L'armée va reprendre ses cantonnemens et rentrer dans ses quartiers d'hiver.

59.e BULLETIN DE LA GRANDE-ARMÉE.

A Preussich-Eylau, le 14 Février 1807.

L'ENNEMI prend position derrière la Pregel. Nos coureurs sont sur Kœnigsberg; mais l'EMPEREUR a jugé convenable de mettre son armée en quartiers, en se tenant à portée de couvrir la ligne de la Vistule.

Le nombre des canons qu'on a pris depuis le combat de Bergfried, se monte à près de soixante. Les vingt-quatre que l'ennemi a laissés à la bataille d'Eylau, viennent d'être dirigés sur Thorn.

L'ennemi a fait courir une notice. Tout y est faux. L'ennemi a attaqué la ville, et a été constamment repoussé. Il avoue avoir perdu 20,000 hommes tués ou blessés. Sa perte est beaucoup plus forte. La prise de neuf aigles est aussi fausse que la prise de la ville.

Le grand-duc de Berg a toujours son quartier-général à Wittenberg, tout près de la Pregel.

Le général d'Hautpoul est mort de ses blessures. Il a été généralement regretté. Peu de soldats ont eu une fin plus glorieuse. Sa division de cuirassiers s'est couverte de gloire à toutes les affaires. L'EMPEREUR a ordonné que son corps serait transporté à Paris.

Le général de cavalerie Bonardi-Saint-Sulpice, blessé au poignet, ne voulut pas aller à l'ambulance, et fournit une seconde charge. Sa Majesté a été si contente de ses services, qu'elle l'a nommé général de division.

Le maréchal Lefebvre s'est porté le 12 sur Marienwerder. Il y a trouvé sept escadrons prussiens, les a culbutés, leur a pris 300 hommes, parmi lesquels un colonel, un major et plusieurs officiers, et 250 chevaux. Ce qui a échappé à ce combat s'est réfugié dans Dantzick.

60.ᵉ BULLETIN DE LA GRANDE-ARMÉE.

Preussich-Eylau, le 17 Février 1807.

DEPUIS la bataille d'Eylau, l'ennemi s'est rallié derrière la Pregel. On concevait l'espoir de le forcer dans cette position, si la rivière fût restée gelée; mais le dégel continue, et cette rivière est une barrière au-delà de laquelle l'armée française n'a pas intérêt de le jeter.

Du côté de Willenberg, 3000 prisonniers russes ont été délivrés par un parti de 1000 cosaques.

Le froid a entièrement cessé, et la neige est par-tout fondue; et la saison actuelle nous offre le phénomène, au mois de février, du temps de la fin d'avril.

L'armée entre dans ses cantonnemens.

61.ᵉ BULLETIN DE LA GRANDE-ARMÉE.

Landsberg, le 18 Février 1807.

LA bataille d'Eylau avait d'abord été présentée par plusieurs officiers ennemis comme une victoire. On fut dans cette croyance à Kœnigsberg toute la matinée du 9. Bientôt le quartier-général et toute l'armée russe arrivèrent. L'alarme alors devint grande. Peu de temps après on entendit des coups de canon, et l'on vit les Français maîtres d'une petite hauteur qui dominait tout le camp russe.

Le général russe a déclaré qu'il voulait défendre la ville ; ce qui a augmenté la consternation des habitans, qui disaient : « Nous allons » éprouver le sort de Lubeck. » Il est heureux pour cette ville qu'il ne soit pas entré dans les calculs du général français de forcer l'armée russe dans cette position.

Le nombre des morts dans l'armée russe, en généraux et en officiers, est extrêmement considérable.

Par la bataille d'Eylau, plus de cinq mille blessés russes, restés sur le champ de bataille ou dans les ambulances environnantes, sont tombés au pouvoir du vainqueur. Partie sont morts ; partie, légèrement blessés, ont augmenté le nombre des prisonniers. Quinze cents viennent d'être rendus à l'armée russe. Indépendamment de ces cinq mille blessés qui sont restés au pouvoir de l'armée française, on calcule que les Russes en ont eu quinze mille.

L'armée vient de prendre ses cantonnemens. Les pays d'Elbing, de Liebstadt, d'Osterode, sont les plus belles parties de ces contrées ; ce sont ceux que l'EMPEREUR a choisis pour y établir sa gauche.

PROCLAMATION.

A Preussich-Eylau, le 16 Février 1807.

SOLDATS,

Nous commencions à prendre un peu de repos dans nos quartiers d'hiver, lorsque l'ennemi a attaqué le premier corps, et s'est présenté sur la basse Vistule. Nous avons marché à lui. Nous l'avons poursuivi l'épée dans les reins pendant l'espace de quatre-vingts lieues. Il s'est réfugié sous les remparts de ses places, et a repassé la Pregel. Nous lui avons enlevé, aux combats de Bergfried, de Deppen, de Hoff, à la bataille d'Eylau, 65 pièces de canon, 16 drapeaux, et tué, blessé ou pris plus de 40,000 hommes. Les braves qui de notre côté sont restés sur le champ d'honneur, sont morts d'une mort glorieuse; c'est la mort des vrais soldats. Leurs familles auront des droits constans à notre sollicitude et à nos bienfaits.

Ayant ainsi déjoué tous les projets de l'ennemi, nous allons nous rapprocher de la Vistule, et rentrer dans nos cantonnemens. Qui osera en troubler le repos, s'en repentira; car, au-delà de la Vistule comme au-delà du Danube, au milieu des frimas de l'hiver comme au commencement de l'automne, nous serons toujours les soldats français, et les soldats français de la Grande-Armée.

62.ᵉ BULLETIN DE LA GRANDE-ARMÉE.

Liebstadt, le 21 Février 1807.

LA droite de la Grande-Armée a été victorieuse, comme le centre et la gauche. Le général Essen, à la tête de 25,000 hommes, s'est porté sur Ostrolenka, le 15, par les deux rives de la Narew. Arrivé au village de Flacies-Lawowa, il rencontra l'avant-garde du général Savary, commandant le 5.ᵉ corps.

Le 16, à la pointe du jour, le général Gazan se porta avec une partie de sa division à l'avant-garde. A neuf heures du matin, il rencontra l'ennemi sur la route de Nowogrod, l'attaqua, le culbuta, et le mit en déroute. Mais, au même moment, l'ennemi attaquait Ostrolenka par la rive gauche. Le général Campana, avec une brigade de la division Gazan, et le général Ruffin, avec une brigade de la division du général Oudinot, défendaient cette petite ville. Le général Savary y envoya le général de division Reille, chef de l'état-major du corps d'armée. L'infanterie russe, sur plusieurs colonnes, voulut emporter la ville. On la laissa avancer jusqu'à la moitié des rues. On marcha à elle au pas de charge : elle fut culbutée trois fois, et laissa les rues couvertes de morts. La perte de l'ennemi fut si grande, qu'il abandonna la ville et prit position derrière les monticules de sable qui la couvrent.

Les divisions des généraux Suchet et Oudinot avancèrent ; à midi, leurs têtes de colonnes arrivèrent à Ostrolenka. Le général Savary rangea sa petite armée de la manière suivante :

Le général Oudinot, sur deux lignes, commandait la gauche; le général Suchet, le centre; et le général Reille, commandant une brigade de la division Gazan, formait la droite. Il se couvrit de toute son artillerie, et marcha à l'ennemi. L'intrépide général Oudinot se mit à la tête de la cavalerie,

cavalerie, fit une charge qui eut du succès, et tailla en pièces les cosaques de l'arrière-garde ennemie. Le feu fut très-vif; l'ennemi ploya de tous côtés, et fut mené battant pendant trois lieues.

Le lendemain, l'ennemi a été poursuivi plusieurs lieues, mais sans qu'on pût reconnaître que sa cavalerie avait battu en retraite toute la nuit. Le général Suwarow et plusieurs autres officiers ennemis ont été tués. L'ennemi a abandonné un grand nombre de blessés. On en avait ramassé 1200; on en ramassait à chaque instant. Sept pièces de canon et deux drapeaux sont les trophées de la victoire. L'ennemi a laissé 1300 cadavres sur le champ de bataille. De notre côté, nous avons eu 60 hommes tués et 4 à 500 blessés. Mais une perte vivement sentie est celle du général de brigade Campana, qui était un officier d'un grand mérite et d'une grande espérance. Il était né dans le département de Marengo. L'EMPEREUR a été très-peiné de sa perte. Le 103.ᵉ régiment s'est particulièrement distingué dans cette affaire. Parmi les blessés sont le colonel Duhamel du 21.ᵉ régiment d'infanterie légère, et le colonel d'artillerie Nourrit.

L'EMPEREUR a ordonné au 5.ᵉ corps de s'arrêter et de prendre ses quartiers d'hiver. Le dégel est affreux. La saison ne permet pas de rien faire de grand : c'est celle du repos. L'ennemi a le premier levé ses quartiers, il s'en repent.

63.ᵉ BULLETIN DE LA GRANDE-ARMÉE.

Osterode, le 28 Février 1807.

LE capitaine des grenadiers à cheval de la garde impériale, Auzouï, blessé à mort à la bataille d'Eylau, était couché sur le champ de bataille. Ses camarades viennent pour l'enlever et le porter à l'ambulance. Il ne recouvre ses esprits que pour leur dire : « Laissez-moi,
» mes amis ; je meurs content, puisque nous avons la victoire, et
» que je puis mourir sur le lit d'honneur, environné de canons pris
» à l'ennemi et des débris de leur défaite. Dites à l'EMPEREUR que
» je n'ai qu'un regret; c'est que, dans quelques momens, je ne pourrai
» plus rien pour son service et pour la gloire de notre belle France......
» A elle mon dernier soupir. » L'effort qu'il fit pour prononcer ces paroles, épuisa le peu de forces qui lui restaient.

Tous les rapports que l'on reçoit s'accordent à dire que l'ennemi a perdu à la bataille d'Eylau vingt généraux et neuf cents officiers tués et blessés, et plus de trente mille hommes hors de combat.

Au combat d'Ostrolenka, du 16, deux généraux russes ont été tués et trois blessés.

Sa Majesté a envoyé à Paris les seize drapeaux pris à la bataille d'Eylau. Tous les canons sont déjà dirigés sur Thorn. Sa Majesté a ordonné que ces canons seraient fondus, et qu'il en serait fait une statue en bronze du général d'Hautpoul, commandant la 2.ᵉ division de cuirassiers, dans son costume de cuirassier.

L'armée est concentrée dans ses cantonnemens derrière la Passarge, appuyant sa gauche à Marienwerder, à l'île du Nogat et à Elbing, pays qui fournissent des ressources.

Instruit qu'une division russe s'était portée sur Braunsberg à la tête de nos cantonnemens, l'EMPEREUR a ordonné qu'elle fût attaquée. Le prince de Ponte-Corvo chargea de cette expédition le général Dupont, officier d'un grand mérite. Le 26, à deux heures après midi, le général Dupont se présenta devant Braunsberg, attaqua la division ennemie, forte de 10,000 hommes, la culbuta à la baïonnette, la chassa de la ville et lui fit repasser la Passarge, lui prit seize pièces de canon, deux drapeaux, et lui fit 2000 prisonniers. Nous avons eu très-peu d'hommes tués.

Du côté de Guttstadt, le général Liger-Belair se porta au village de Peterswalde à la pointe du jour du 25, sur l'avis qu'une colonne russe était arrivée dans la nuit à ce village, la culbuta, prit le général baron de Korff qui la commandait, son état-major, plusieurs lieutenans-colonels et officiers, et 400 hommes. Cette brigade était composée de dix bataillons, qui avaient tellement souffert, qu'ils ne formaient que 1600 hommes présens sous les armes.

L'EMPEREUR a témoigné sa satisfaction au général Savary pour le combat d'Ostrolenka, lui a accordé la grande décoration de la Légion d'honneur, et l'a rappelé près de sa personne. Sa Majesté a donné le commandement du 5.ᵉ corps au maréchal Massena, le maréchal Lannes continuant à être malade.

A la bataille d'Eylau, le maréchal Augereau, couvert de rhumatismes, était malade et avait à peine connaissance; mais le canon réveille les braves : il revole au galop à la tête de son corps, après s'être fait attacher sur son cheval. Il a été constamment exposé au plus grand feu, et a même été légèrement blessé. L'EMPEREUR vient de l'autoriser à rentrer en France pour y soigner sa santé.

Le temps est toujours variable. Il gelait hier; il dégèle aujourd'hui. L'hiver s'est ainsi passé. Le thermomètre n'a jamais été à plus de cinq degrés.

64.ᵉ BULLETIN DE LA GRANDE-ARMÉE.

Osterode, le 2 Mars 1807.

La ville d'Elbing fournit de grandes ressources à l'armée : on y a trouvé une grande quantité de vins et d'eau-de-vie. Ce pays de la basse Vistule est très-fertile.

Après la bataille d'Eylau, l'Empereur a passé tous les jours plusieurs heures sur le champ de bataille; spectacle horrible, mais que le devoir rendait nécessaire. Il a fallu beaucoup de travail pour enterrer tous les morts. On a trouvé un grand nombre de cadavres d'officiers russes avec leurs décorations. Il paraît que parmi eux il y avait un prince Repnin. Quarante-huit heures encore après la bataille, il y avait plus de 500 Russes blessés qu'on n'avait pas encore pu emporter. On leur faisait porter de l'eau-de-vie et du pain, et successivement on les a transportés à l'ambulance.

Qu'on se figure sur un espace d'une lieue carrée, 9 ou 10,000 cadavres, 4 ou 5000 chevaux tués, des lignes de sacs russes, des débris de fusils et de sabres; la terre couverte de boulets, d'obus, de munitions; 24 pièces de canon, auprès desquelles on voyait les cadavres des conducteurs tués au moment où ils faisaient des efforts pour les enlever : tout cela avait plus de relief sur un fond de neige. Ce spectacle est fait pour inspirer aux princes l'amour de la paix et l'horreur de la guerre.

Les 5000 blessés que nous avons eus, ont été tous évacués sur Thorn et sur nos hôpitaux de la rive gauche de la Vistule, sur des traîneaux. Les chirurgiens ont observé avec étonnement que la fatigue de cette évacuation n'a point nui aux blessés.

Voici quelques détails sur le combat de Braunsberg. — Le général Dupont marcha à l'ennemi sur deux colonnes. Le général Bruyère, qui commandait la colonne de droite, rencontra l'ennemi à Zagern, le poussa sur la rivière qui se trouve en avant de ce village. La colonne de gauche poussa l'ennemi sur Willenberg, et toute la division ne tarda pas à déboucher hors du bois. L'ennemi, chassé de sa première position, fut obligé de se replier sur la rivière qui couvre la ville de Braunsberg: il a d'abord tenu ferme; mais le général Dupont a marché à lui, l'a culbuté au pas de charge, et est entré avec lui dans la ville, qui a été jonchée de cadavres russes.

Le 9.ᵉ d'infanterie légère, le 32.ᵉ, le 96.ᵉ de ligne, qui composent cette division, se sont distingués. Les généraux Barrois, Lahoussaye, le colonel Semellé du 24.ᵉ de ligne, le colonel Meunier du 9.ᵉ d'infanterie légère, le chef de bataillon Bouge du 32.ᵉ de ligne, et le chef d'escadron Hubinet du 9.ᵉ de hussards, ont mérité des éloges particuliers.

Depuis l'arrivée de l'armée française sur la Vistule, nous avons pris aux Russes, aux affaires de Pultusk et de Golymin, 89 pièces de canon; au combat de Bergfried, 4 pièces; dans la retraite d'Allenstein, 5 pièces; au combat de Deppen, 16 pièces; au combat de Hoff, 12 pièces; à la bataille d'Eylau, 24 pièces; au combat de Braunsberg, 16 pièces; au combat d'Ostrolenka, 9 pièces : total, 175 pièces de canon.

On a fait à ce sujet la remarque que l'EMPEREUR n'a jamais perdu de canons dans les armées qu'il a commandées, soit dans les premières campagnes d'Italie et d'Égypte, soit dans celle de l'armée de réserve, soit dans celle d'Autriche et de Moravie, soit dans celle de Prusse et de Pologne.

65.ᵉ BULLETIN DE LA GRANDE-ARMÉE.

Osterode, le 10 Mars 1807.

L'ARMÉE est cantonnée derrière la Passarge;
Le prince de Ponte-Corvo, à Holland et à Braunsberg;
Le maréchal Soult, à Liebstadt et Mohrungen;
Le maréchal Ney, à Guttstadt;
Le maréchal Davoust, à Allenstein, Hohenstein et Deppen;
Le quartier-général, à Osterode;
Le corps d'observation polonais, que commande le général Zayonchek, à Neidenburg;
Le corps du maréchal Lefebvre, devant Dantzick;
Le 5.ᵉ corps, sur l'Omuleff;
Une division de Bavarois, que commande le prince royal de Bavière, à Varsovie;
Le corps du prince Jérôme, en Silésie;
Le 8.ᵉ corps, en observation dans la Poméranie suédoise.

Les places de Breslau, de Schweidnitz et de Brieg, sont en démolition.

Le général Rapp, aide-de-camp de l'EMPEREUR, est gouverneur de Thorn.

On jette des ponts sur la Vistule, à Marienburg et à Dirschau.

Ayant été instruit, le 1.ᵉʳ mars, que l'ennemi, encouragé par la position qu'avait prise l'armée, faisait voir des postes tout le long de la rive droite de la Passarge, l'EMPEREUR ordonna aux maréchaux Soult et Ney de faire des reconnaissances en avant pour repousser l'ennemi. Le

maréchal

maréchal Ney marcha sur Guttstadt, le maréchal Soult passa la Passarge à Wormditt. L'ennemi fit aussitôt un mouvement général et se mit en retraite sur Kœnigsberg. Ses postes, qui s'étaient retirés en toute hâte, furent poursuivis à huit lieues. Voyant ensuite que les Français ne faisaient plus de mouvemens, et s'apercevant que ce n'étaient que des avant-gardes qui avaient quitté leurs régimens, deux régimens de grenadiers russes se rapprochèrent, et se portèrent de nuit sur le cantonnement de Zechern. Le 50.ᵉ régiment les reçut à bout portant; le 27.ᵉ et le 39.ᵉ se comportèrent de même. Dans ces petits combats, les Russes ont eu un millier d'hommes blessés, tués ou prisonniers.

Après s'être ainsi assurée des mouvemens de l'ennemi, l'armée est rentrée dans ses cantonnemens.

Le grand-duc de Berg, instruit qu'un corps de cavalerie s'était porté sur Willenberg, l'a fait attaquer dans cette ville par le prince Borghèse, qui, à la tête de son régiment, a chargé huit escadrons russes, les a culbutés et mis en déroute, et leur a fait une centaine de prisonniers, parmi lesquels se trouvent trois capitaines et huit officiers.

Le maréchal Lefebvre a cerné entièrement Dantzick, et a commencé les ouvrages de circonvallation de la place.

66.ᵉ BULLETIN DE LA GRANDE-ARMÉE.

Osterode, le 14 Mars 1807.

LA Grande-Armée est toujours dans ses cantonnemens, où elle prend du repos. De petits combats ont lieu souvent entre les avant-postes des deux armées. Deux régimens de cavalerie russe sont venus le 12 inquiéter le 69.ᵉ régiment d'infanterie de ligne dans son cantonnement de Lingnau, en avant de Guttstadt. Un bataillon de ce régiment prit les armes, s'embusqua, et tira à bout portant sur l'ennemi, qui laissa 80 hommes sur la place. Le général Guyot, qui commande les avant-postes du maréchal Soult, a eu de son côté quelques engagemens qui ont été à son avantage.

Après le petit combat de Willenberg, le grand-duc de Berg a chassé les cosaques de toute la rive droite de l'Alle, afin de s'assurer que l'ennemi ne masquait pas quelque mouvement. Il s'est porté à Wartenburg, Seeburg, Meusguth, Bischoffsburg. Il a eu quelques engagemens avec la cavalerie ennemie, et a fait une centaine de cosaques prisonniers.

E

L'armée russe paraît concentrée du côté de Bartenstein sur l'Alle ; la division prussienne, du côté de Kreutzburg.

L'armée ennemie a fait un mouvement de retraite, et s'est rapprochée d'une marche de Kœnigsberg.

Toute l'armée française est cantonnée ; elle est approvisionnée par les villes d'Elbing, de Braunsberg, et par les ressources que l'on tire de l'île du Nogat, qui est d'une très-grande fertilité.

Deux ponts ont été jetés sur la Vistule, un à Marienburg, et l'autre à Marienwerder. Le maréchal Lefebvre a achevé l'investissement de Dantzick. Le général Teulié a investi Colberg. L'une et l'autre de ces garnisons ont été rejetées dans ces places après de légères attaques.

Une division de 12,000 Bavarois, commandée par le prince royal de Bavière, a passé la Vistule à Varsovie, et vient joindre l'armée.

RELATION

DE LA BATAILLE D'EYLAU

PAR UN TÉMOIN OCULAIRE,

TRADUITE DE L'ALLEMAND.

Témoin de la bataille d'Eylau, et ayant été placé de manière à la bien voir dans tous les momens de cette journée, je satisfais avec empressement à la curiosité qu'elle excite.

L'armée russe avait échappé à Pultusk et Golymin, en sacrifiant son artillerie, ses bagages, et en évacuant en toute hâte plus de vingt lieues de terrain. Après avoir été renforcée de quatre divisions, elle avait laissé les trois divisions d'Essen, Muller et Volkonskoy sur la Narew, et les sept autres étaient dirigées par Kolno et Vielna sur Guttstadt, Liebstadt et Osterode, avec le projet de se porter sur Thorn.

L'armée française était rentrée dans ses cantonnemens de guerre, ayant quatre corps concentrés autour de Varsovie, un intermédiaire et celui du prince de Ponte-Corvo sur Osterode.

L'armée russe se porta sur Liebstadt. Ses avant-postes rencontrèrent ceux du prince de Ponte-Corvo, qui, prévenu à temps, réunit avec autant d'habileté que de promptitude son corps d'armée à Mohrungen, et, le 25 janvier, culbuta l'avant-garde russe, la mena battant pendant deux lieues sur Liebstadt, lui fit des prisonniers, et lui prit du canon.

Mais, le 27, les autres divisions russes appuyèrent leur avant-garde, et le prince de Ponte-Corvo continua son mouvement de retraite.

L'armée française ne bougeait pas encore; tous les autres corps restaient dans la plus profonde sécurité dans leurs quartiers. On voulait voir se dessiner davantage les mouvemens de l'ennemi, et l'on craignait, par un prompt mouvement, de lui donner l'éveil sur les dangers où il allait se trouver.

Cependant les mouvemens des Russes acquérant tous les jours une nouvelle certitude, leur armée ayant déjà dépassé Osterode et se trouvant sur Löbau, le signal fut donné au quartier-général français : en peu d'instans les quartiers furent levés, les troupes réunies et dirigées en masse sur le flanc gauche de l'ennemi, de manière à le tourner. Mais la guerre a des événemens qui échappent aux calculs. Un adjoint à l'état-major portait au prince de Ponte-Corvo l'ordre de marche de l'armée française : le Major-général lui faisait connaître le projet de l'EMPEREUR, et lui ordonnait de battre en retraite jusqu'auprès de Thorn, pour attirer davantage l'ennemi. Cet officier fut pris par les cosaques. Il n'eut pas le temps de déchirer ses dépêches. Le général russe connut dès-lors tout le danger de sa position, et apprit sur-le-champ ce qu'il n'aurait connu que quarante-huit heures plus tard. Il se trouva le 3 à Allenstein, où il savait que l'armée française devait arriver, rangé en bataille avec toute son armée réunie. Cet événement inattendu parut inconcevable; et on n'en eut l'explication que le lendemain, lorsqu'on sut que l'officier qui avait été pris n'avait pas brûlé les dépêches. Il paraît que le projet de l'ennemi était là de livrer bataille: mais le beau combat qui mit le pont de Bergfried à la disposition du maréchal Soult, au même moment où tous les magasins de l'ennemi, à Guttstadt, étaient enlevés par le général Guyot, décida l'ennemi à la retraite; il fut suivi l'épée dans les reins jusqu'à Deppen. La colonne prussienne du général Lestocq, qui n'avait pu encore rejoindre, se trouva coupée. Le 5, le maréchal Ney passa le pont de Deppen, rencontra cette colonne et la défit.

Pendant le même temps, le gros de l'armée française continuait à poursuivre l'ennemi, qui, dans ces deux jours de retraite, fit des pertes notables en artillerie, en hommes et en chariots.

Dans la journée du 6, l'ennemi perdit considérablement au combat de Hoff, où plusieurs charges de nos cuirassiers détruisirent entièrement l'infanterie de l'arrière-garde ennemie.

Pendant la nuit, l'armée russe avait évacué Landsberg. Elle fut poursuivie jusque vis-à-vis Eylau. Le grand-duc de Berg et le maréchal Soult, qui faisaient l'avant-garde de l'armée française, arrivèrent à deux heures après midi, et enlevèrent le beau plateau en avant d'Eylau.

Les dispositions faites pour tourner l'arrière-garde ennemie ne devaient plus avoir lieu, du moment que l'arrière-garde avait rejoint le corps d'armée. L'Empereur donna ordre qu'on restât en bataille sur le plateau d'Eylau. Mais la brigade Viviez, qui avait été dirigée pour tourner la gauche de l'arrière-garde russe, se porta sur le cimetière d'Eylau, et se trouva engagée.

Après un combat de nuit assez meurtrier, le cimetière et l'église d'Eylau furent enlevés, la ville prise, et les rues jonchées de cadavres ennemis.

Le maréchal Davoust avait pris position à une lieue d'Eylau, sur la route de Heilsberg; mais, instruit, la nuit, que la ville était prise, il manœuvra le lendemain pour tourner l'ennemi.

A la pointe du jour, l'armée russe parut en colonnes, à une demi-portée de canon du village, hérissée de pièces d'artillerie, et occupant avec 80,000 hommes un espace qu'aurait pu occuper une armée de 30,000.

Elle commença une effroyable canonnade sur la ville. Cette manœuvre extraordinaire parut manifester l'intention de vouloir reprendre le village. L'artillerie des corps des maréchaux Soult et Augereau, et celle de la garde, prirent position, et cent cinquante bouches à feu françaises portèrent la mort au milieu des masses serrées de l'armée russe.

L'Empereur arrivait à l'église d'Eylau au moment où les tirailleurs ennemis voulaient s'en emparer. Les dispositions qu'il ordonna rendirent nulle cette attaque de l'ennemi, qui, pour se soustraire, à quelque prix que ce fût, à l'effroyable mal que lui faisaient les batteries françaises, voulut se jeter sur sa droite, pour enlever la ville par la position du moulin à vent, c'est-à-dire, par notre gauche. Quarante mille Français soutinrent alors le choc de toute l'armée russe. Dans une circonstance aussi critique, le général français fit les dispositions suivantes :

Il ordonna à la division Saint-Hilaire, qui était à la droite, de se porter sur l'extrémité gauche de l'ennemi, pour réunir ses efforts à ceux du maréchal Davoust, et au corps du maréchal Augereau; de charger les tirailleurs ennemis, qui venaient jusqu'au pied du monticule du cimetière; d'appuyer la gauche du général Saint-Hilaire, et de former ainsi une ligne oblique du village à la position du maréchal Davoust.

Le commencement de ces mouvemens dégagea sur-le-champ la gauche;

gauche; mais la tête de colonne du maréchal Augereau, au milieu d'une neige épaisse et d'un brouillard qui survint pendant une demi-heure, prit sa direction trop à gauche. A la première éclaircie de la neige, l'EMPEREUR, s'apercevant de la direction qu'avaient prise les différentes colonnes, eut recours à de nouveaux moyens : il ordonna au grand-duc de Berg de se mettre à la tête de toute la cavalerie, au maréchal Bessières de se mettre à la tête de la garde à cheval, et de faire une charge générale.

Elle fut exécutée avec autant d'audace que de talent. L'infanterie russe fut culbutée, la moitié de l'artillerie ennemie enlevée; et les affaires prirent, par cette manœuvre inattendue, une autre direction. L'ennemi, acculé à des bois, fut obligé de se déployer et de s'étendre.

Une colonne de quatre ou six mille Russes s'était égarée de son côté pendant l'obscurité, avait filé sur le flanc de la colonne du maréchal Augereau, et se présenta devant le cimetière, pour enlever ce village par ce côté. L'EMPEREUR ordonna au général Dorsenne de se porter en avant avec un bataillon de sa garde. Ce bataillon s'avança l'arme au bras; la colonne russe s'arrêta court: ce fut l'effet de la tête de Méduse.

Il est à remarquer que les grenadiers de la garde ne voulurent jamais tirer, déclarant qu'ils ne devaient aller qu'à la baïonnette, et demandant à avancer.

L'escadron de la garde qui se trouvait près de l'EMPEREUR, chargea ensuite cette colonne avec une indicible intrépidité; et le duc de Berg, au milieu de la plus forte mêlée du champ de bataille, ayant aperçu la fausse direction de cette colonne déjà poursuivie, détacha le général de brigade Bruyère avec deux régimens de chasseurs, qui la chargèrent en queue. De ces quatre mille hommes, peu se sauvèrent.

Pendant ce temps, le maréchal Davoust arrivait à la hauteur du bois vis-à-vis la ville, battant toujours l'ennemi devant lui. Il enleva le plateau qu'occupait la gauche de l'armée russe, et couronna cette position à trois heures du soir. L'ennemi l'attaqua trois fois, et trois fois l'ennemi fut repoussé. L'armée française appuya la gauche à la ville d'Eylau, et la droite à ces bois et à ce plateau, qui avaient été la position de l'ennemi pendant toute la journée, et par-là se trouva maîtresse du champ de bataille. Dès-lors la victoire fut décidée. L'ennemi se mit en retraite; et comme si cette journée n'avait pas été assez féconde en événemens, on vit arriver de la gauche la colonne prussienne que poursuivait le maréchal Ney. Elle défila, vivement poursuivie par l'avant-garde de ce maréchal. La tête, composée de bataillons

F

de grenadiers prussiens frais, se porta en toute hâte au soutien de la gauche de l'armée russe; et enfin, à la nuit, l'arrière-garde ennemie, pour donner le temps à ses blessés et à son artillerie de filer, voulut prendre position au village de Schmoditten; mais il était déjà occupé par le maréchal Ney.

Les six bataillons de grenadiers de la réserve que le général russe avait destinés à soutenir sa retraite, arrivant à ce village pour y prendre position, furent reçus à bout portant par une décharge du 6.ᵉ d'infanterie légère et du 59.ᵉ de ligne, qui, immédiatement après, croisèrent la baïonnette et marchèrent à eux : ils furent défaits. Dès-lors l'arrière-garde de l'armée russe n'eut plus de corps entiers, et sa retraite fut une déroute jusqu'à Kœnigsberg. L'ennemi abandonna, sur le champ de bataille, une portion de son artillerie, avec un grand nombre de ses blessés.

Le duc de Berg, à la pointe du jour, poursuivit l'ennemi six lieues sans trouver même un homme de cavalerie, et plaça ses grand'gardes à une demi-lieue de Kœnigsberg.

Les 9, 10, 11, 12, 13, 14, 15, 16, 17, 18, les Français restèrent dans la même position. Les nouvelles que l'on eut de l'ennemi étaient qu'il s'était rallié derrière la Pregel et sous les murs de Kœnigsberg; mais l'affreux dégel qui survint et qui retardait l'arrivée des convois d'artillerie nécessaires pour approvisionner toutes les batteries de l'armée, l'extrême pénurie de vivres, et la nécessité bien sentie de se rapprocher de la Vistule, plutôt que de s'en éloigner davantage, décidèrent le général français à rentrer dans ses cantonnemens, et à ne point s'enfoncer, pendant une saison aussi âpre, dans des provinces éloignées et dans des pays sans chaussées.

Tel est le récit de la bataille d'Eylau. La moitié de l'armée française n'a point donné : l'autre moitié n'a ressaisi la victoire que par des efforts de courage et des dispositions du moment. L'ennemi a attaqué, a été battu, et a échoué dans tous ses projets. Il eût été détruit, si l'officier porteur des dépêches pour le prince de Ponte-Corvo les eût brûlées; car tout était calculé pour que l'ennemi ne comprît que quarante-huit heures plus tard ce qu'il apprit par ces dépêches. L'armée russe a échappé à sa perte par un de ces événemens que se réserve le hasard pour rappeler aux hommes qu'il est pour quelque chose dans tous les calculs, dans tous les événemens, et que les grands résultats qui détruisent une armée et changent la face d'une campagne, sont sans doute le fruit de l'expérience et du génie, mais qu'ils ont besoin d'être secondés par lui.

Quelques jours après la bataille, le corps du prince de Ponte-Corvo et plusieurs divisions de cuirassiers ont rejoint l'armée.

L'ennemi a laissé sur le champ de bataille 7000 morts, plusieurs milliers de blessés, et avoue lui-même en avoir plus de 16,000 à Kœnigsberg. C'est exagérer notre perte que de la porter de 16 à 1800 hommes. Il est constant que les blessés ne montent pas même au nombre qu'on croyait d'abord : il y en a moins de 5000.

Depuis le mois de décembre, l'ennemi a perdu 175 pièces de canon, plus de 25 drapeaux et 40,000 hommes. On conçoit facilement les raisons qui ont rendu la perte de l'ennemi si considérable. Outre qu'il a été plusieurs jours en retraite et vivement poursuivi, il a perdu le champ de bataille, où il a laissé un grand nombre de ses blessés, dont beaucoup ont péri par l'impossibilité de les soigner. Il faut ajouter à cela que l'ennemi ayant été presque toujours en bataille sur quatre et cinq lignes entremêlées de colonnes serrées, l'artillerie, qui a été l'arme particulièrement en jeu dans cette journée, a été et a dû être plus meurtrière pour lui que pour l'armée française, qui, moins nombreuse, était en bataille dans l'ordre mince.

Le lendemain, l'armée française eût marché sur Kœnigsberg, si les chemins n'étaient devenus impraticables par le changement de la saison. D'ailleurs, le général français n'avait point levé ses cantonnemens pour prendre l'offensive, mais pour repousser l'agression faite sur le bas de la Vistule; son but était rempli. Il sentait bien qu'une campagne ouverte au milieu des frimas du nord, dans la saison la plus rigoureuse, avait contre lui beaucoup de chances que feraient disparaître le soleil du printemps et la belle saison. Les projets du général français ont été combinés après la bataille de Pultusk comme après celle d'Eylau : il a toujours cherché à se rapprocher de ses dépôts plutôt qu'à s'en éloigner. Il est une position dans une campagne où l'on n'a plus d'intérêt à gagner du terrain ; et telle était alors la position de l'armée française.

Les deux premiers jours, l'ennemi a été dans un tel désordre, que la cavalerie française est arrivée jusqu'aux portes de Kœnigsberg. Deux jours après, s'étant rallié dans cette ville, il a employé son temps à armer les remparts et à hérisser le pourtour de la place de toute l'artillerie de siége qu'il a pu trouver; tous les convois et les bagages ont été évacués sur Memel; et ce n'est que lorsqu'il a compris que le dégel rendait presque impraticables les chemins d'Eylau à Kœnigsberg, et que l'arrivée des convois d'artillerie et de vivres nécessaires à l'approvisionnement de l'armée française serait difficile, qu'il a repris un peu de confiance.

PLANCHE I.re

Mouvemens et Positions qui ont précédé la Bataille de Preussisch-Eylau.

Après la bataille de Pultusk, l'armée française prend des quartiers d'hiver dans les lieux représentés sur la carte.

L'armée ennemie occupe le pays situé sur la ligne de Braunsberg, Rastenburg, Biala et Bialistock. L'aile droite et le centre de cette armée se portent contre l'aile gauche des Français. Sa Majesté Impériale et Royale rassemble les différens corps de son armée dans les points de Thorn, Gilgenburg, Neidenburg, Willenberg, Mysziniec et Brock. Le maréchal prince de Ponte-Corvo, après avoir battu l'avant-garde ennemie à Mohrungen, se replie par ordre jusque sur Strassburg.

La grande armée prend l'offensive; et l'ennemi, qui s'est avancé sur Löbau et Willenberg, se retire sur Osterode et Allenstein.

Le 3 février, les deux armées se trouvent en présence entre Mondtken et Jukedorf. Combat de Bergfried; l'ennemi est battu: le lendemain, il l'est encore à Deppen et Wolfersdorf, et se retire sur Landsberg.

Les deux armées sont de nouveau en présence. Le 6, combat de Hoff; combat devant Preussisch-Eylau, le 7, et prise de cette ville; bataille de Preussisch-Eylau le 8 février. La colonne prussienne partie de Braunsberg, après s'être avancée par Elbing sur Marienwerder, quoique coupée de l'armée russe, arrive assez à temps à Eylau pour prendre part à l'action.

Après la perte de cette bataille, l'ennemi en désordre fuit sur Kœnigsberg; il est poursuivi, l'espace de huit lieues, par la cavalerie du grand duc de Berg.

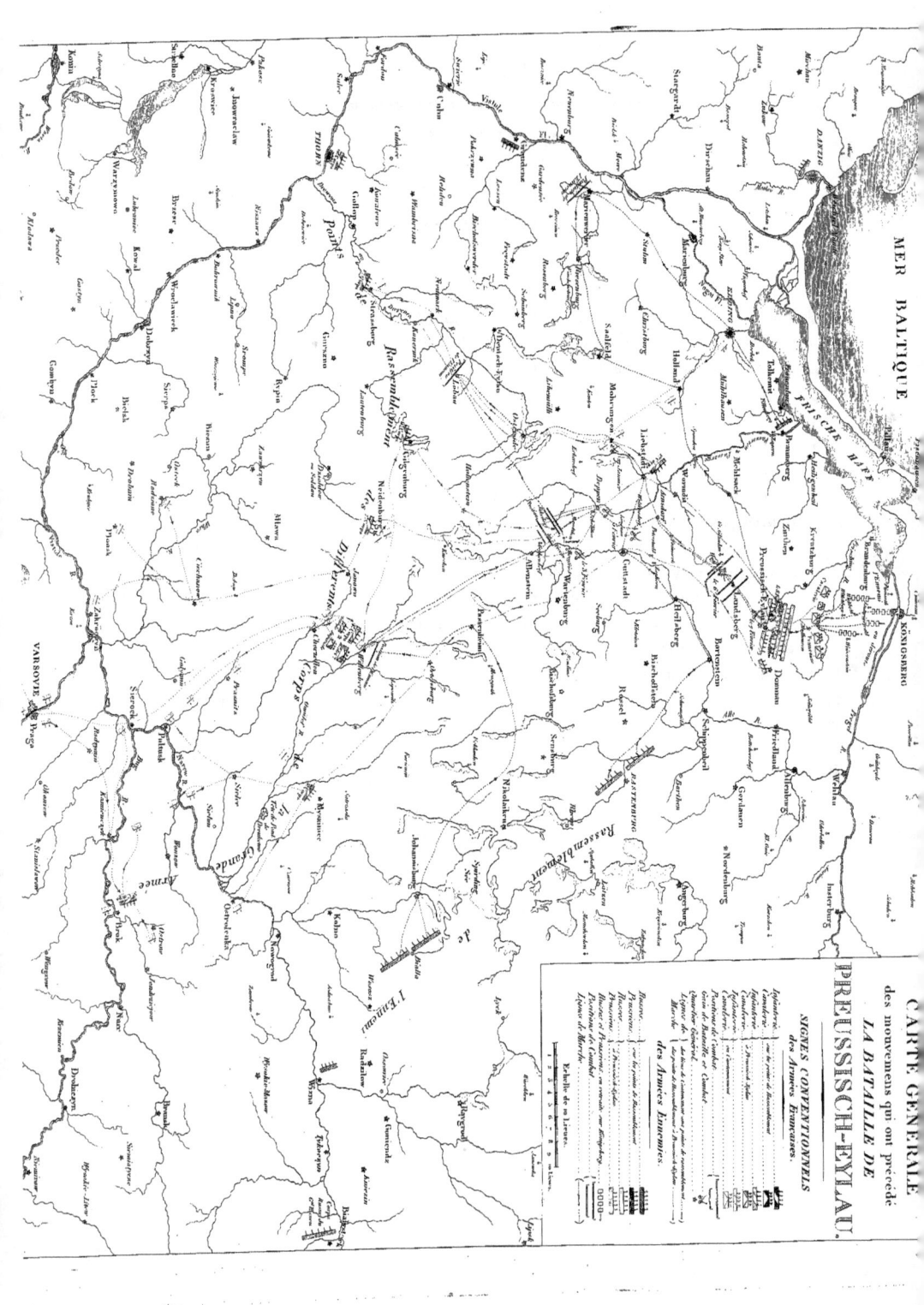

PLANCHE II.

Position des Armées françaises, prussiennes et russes, la veille de la Bataille, à onze heures du soir.

L'ennemi s'était imprudemment engagé sur le bas de la Vistule, sans garder son flanc gauche ; il attaqua, le 25 janvier, à Mohrungen, le prince de Ponte-Corvo, qui battit son avant-garde, et, le surlendemain, reçut l'ordre de se mettre en retraite pour attirer l'ennemi sur Thorn : mais un des officiers du Major-général, qui portait les ordres, fut pris par les coureurs ennemis ; il n'eut pas le temps de détruire sa lettre. L'ennemi, prévenu ainsi du mouvement de l'armée française, qui gagnait des marches sur sa gauche, leva son camp à l'heure même et se porta sur Allenstein, où les deux armées se trouvèrent le 3 en bataille, entre les deux villages de Getkendorf et Jukedorf. La cavalerie légère française avait déjà gagné Guttstadt. Le maréchal Soult s'empara, à quatre heures du soir, du pont de Bergfried, et se porta sur les derrières de la gauche ennemie. Ce mouvement obligea l'ennemi à se mettre en retraite toute la nuit : il fut poursuivi l'épée dans les reins. Il aurait voulu couvrir le pont de Deppen, par où devait s'effectuer la réunion de l'armée prussienne ; mais il fut vivement poussé, et l'armée prussienne se trouva coupée.

Le lendemain, l'ennemi aurait voulu garder le village d'Arensdorf, par où il espérait que pourrait arriver l'armée prussienne, et fit, en conséquence, une vive résistance à Wolfensdorf ; mais le grand-duc de Berg l'enveloppa par sa cavalerie, le culbuta, et le poussa jusqu'au-delà de Freymarck. Le 6, l'ennemi parut vouloir tenir à Landsberg ; mais, ayant perdu le village et le plateau de Hoff, et deux attaques successives lui ayant mal réussi, il se mit en retraite la nuit et se retira sur Eylau. Le 5, à la pointe du jour, le maréchal Ney passa la Passarge au pont de Deppen, rencontra l'armée prussienne et en culbuta l'avant-garde. Les autres divisions se mirent en retraite, et parvinrent, dans la journée du 8, à se réunir à Eylau pendant la bataille.

Voici la position des deux armées, le 7 au soir.

Les Russes occupaient en force la ville d'Eylau, et s'étaient retranchés au cimetière. Il s'engagea un combat de nuit funeste à l'ennemi. A dix heures du soir, la ville et le cimetière furent enlevés. Tout ce que l'ennemi avait laissé de monde pour défendre la ville fut égorgé : on ne pouvait pas passer dans les rues d'Eylau sans marcher sur les cadavres russes.

On voit la position que prirent les deux armées à onze heures du soir :

Le quartier général sur le plateau d'Eylau, avec la garde impériale ;

La division Legrand couvrant la ville ;

La brigade Viviez couvrant le cimetière, dont elle venait de s'emparer ;

La brigade Ferey en arrière sur la gauche de la division Legrand; position déterminée par les localités;

La division Saint-Hilaire, entre Eylau et Rhothenen, et ayant sur sa droite la division de dragons Milhaud;

La cavalerie en arrière sur le centre;

Et le corps du maréchal Augereau en arrière sur la gauche.

Le 3.ᵉ corps, à une lieue sur la droite, sur le chemin de Bartenstein. On voyait les feux de son avant-garde.

L'ennemi bivouaqua sur la position qu'il gardait. Le lendemain, sur trois lignes, à cinq cents toises de la ville d'Eylau.

Les cartes marquent des lacs; mais tous étant gelés alors et couverts de deux pieds de neige, ne formèrent nulle part aucun obstacle.

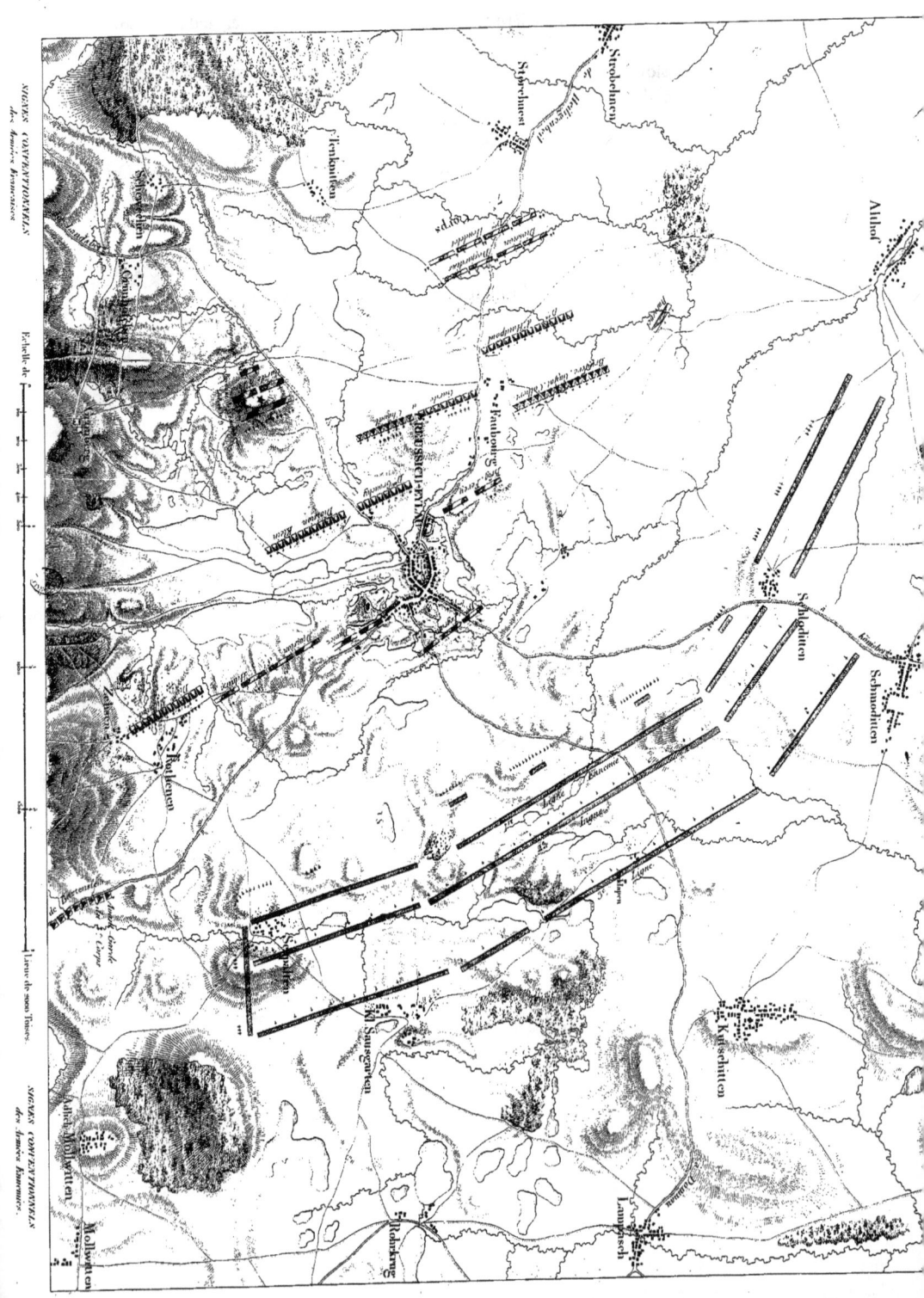

PLANCHE III.

POSITION des Armées françaises le jour de la Bataille, à huit heures du matin.

La canonnade s'engagea. La gauche française était formée par la cavalerie légère; la division Leval en avant sur la position du moulin : à sa droite la division Legrand couvrant la ville d'Eylau; l'Empereur à la position de l'église avec sa garde. Le corps du maréchal Augereau, à droite; la division Saint-Hilaire à droite du corps d'Augereau. Le 3.ᵉ corps, commandé par le maréchal Davoust, avait dans la nuit fait une marche sur le flanc droit, et s'était porté sur les derrières de l'ennemi, comme on le voit au plan. L'ennemi s'était concentré, et occupait la position qu'on voit sur le plan. La canonnade fut vive de part et d'autre, mais avec cette différence, que l'armée française, étant dans l'ordre mince, éprouva beaucoup moins de mal que l'ennemi, placé sur plusieurs lignes entremêlées de colonnes serrées. La charge de cavalerie du grand-duc de Berg et de la garde nettoya le champ de bataille jusqu'au bois (marqué A sur le plan) que l'on voit derrière la position de l'ennemi; et c'est la protection que ce bois donna à l'infanterie qui s'y forma, qui mit l'ennemi à même de se rallier, et suspendit encore la victoire, qui ne fut décidée que deux heures après, lorsque le maréchal Davoust eut culbuté toutes les troupes que l'ennemi lui avait opposées pour retarder sa marche, et que, prenant l'ennemi par derrière, il l'obligea à évacuer ce bois. L'ennemi fit encore alors plusieurs tentatives pour déposter le maréchal Davoust d'un plateau qui dominait ce bois : trois attaques qu'il y fit furent vaines. Une colonne de grenadiers prussiens arriva alors à son secours, et ne fut pas plus heureuse; et l'ennemi dut ne plus songer qu'à sa retraite.

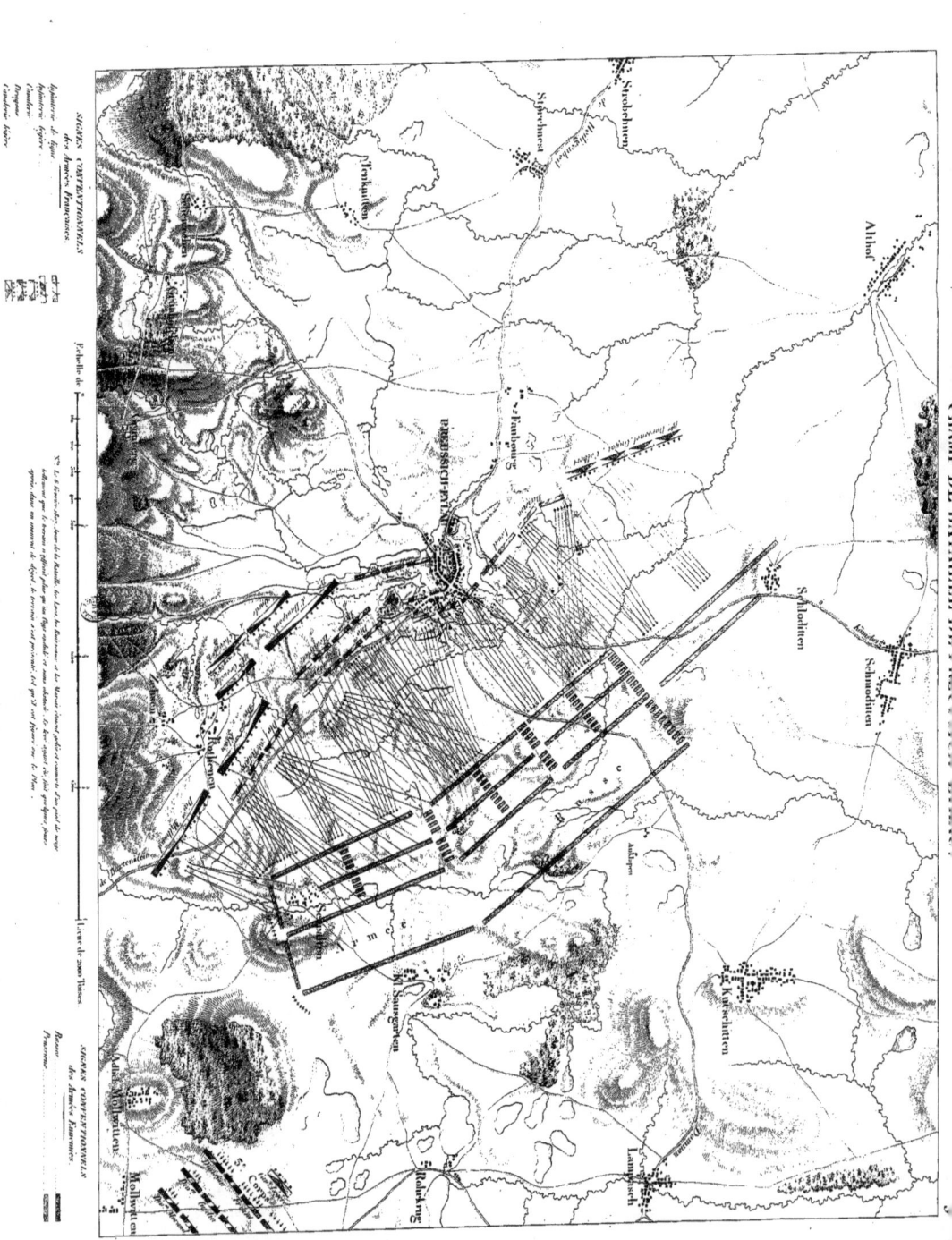

PLANCHE IV.

POSITION des Armées françaises le soir de la Bataille.

Le maréchal Davoust occupe, dans le plan, le plateau que l'ennemi attaqua et où il échoua constamment. Après la troisième attaque, l'ennemi se mit en retraite. On y voit aussi le maréchal Ney sur la gauche, chassant devant lui l'armée prussienne et débordant le flanc droit de l'ennemi, comme le maréchal Davoust avait débordé son flanc gauche; et, par cette manœuvre, le champ de bataille se trouve entièrement cerné. On y voit par-tout l'ennemi en retraite, et l'on remarque sur la gauche la colonne de grenadiers de l'armée prussienne qui avait accouru pour seconder l'armée russe dans l'attaque du plateau du maréchal Davoust.

A neuf heures du soir, six bataillons de grenadiers russes qui avaient été destinés pour couvrir la retraite, crurent le village de Schmoditten faiblement occupé; ils voulurent s'y loger: mais le général de brigade Liger-Belair, avec le 6.e d'infanterie légère et le 39.e, reçut si bien ces bataillons, marcha à eux avec une telle intrépidité, qu'ils furent détruits et éparpillés. Depuis ce moment on n'eut plus de nouvelles de l'armée russe. L'armée française coucha sur le champ de bataille; elle y ramassa 5000 blessés, 24 pièces de canon, 16 drapeaux et un grand nombre de prisonniers.

A la pointe du jour, le grand-duc de Berg se porta sur la Frisching, à huit lieues de là, ne rencontrant que des débris, des blessés et des hommes égarés, passa cette rivière sans obstacle, et arriva sous Kœnigsberg.

L'ennemi, dans le plus grand désordre, rentra dans la place, dont les murailles furent garnies d'artillerie, et se plaça derrière la Pregel. On verra sur la carte quelle a été la position de l'armée française pendant les dix jours qui ont suivi la bataille.

Ces plans donnent une idée nette et précise de la bataille d'Eylau. L'armée française n'y avait qu'une partie de ses forces. Les manœuvres faites pour envelopper les Russes éprouvèrent des retards par les neiges et les contrariétés du temps. On devait se promettre de ces mesures la destruction de l'armée russe; elle n'a été que battue. Sa perte a été immense; et tout militaire qui jugera de l'effet de la canonnade et des charges, et qui verra la position de l'armée française le lendemain, comprendra quelle perte a dû faire, en effet, l'ennemi par les blessés restés sur le champ de bataille, ainsi que dans tous les villages d'alentour, et par les hommes égarés qui sont tombés au pouvoir des Français dans l'espace de plus de quatorze lieues jusqu'où l'armée ennemie fut poursuivie.

PLANCHE V.

Mouvemens et Positions qui ont suivi la Bataille de Preussisch-Eylau.

L'ennemi prend position derrière la Prégel, fait des dispositions défensives derrière cette rivière, et augmente les fortifications de Kœnigsberg.

Le grand duc de Berg se porte au-delà de Frisching avec sa cavalerie, prend position en avant de cette rivière, et pousse des partis jusque sur les glacis de la ville. L'armée s'avance pour soutenir le mouvement du grand duc, et occupe le pays compris entre Eylau et la Frisching, jusqu'au 19 février, époque à laquelle Sa Majesté l'Empereur et Roi donne des ordres à son armée de reprendre ses cantonnemens entre la Vistule, la Passarge, l'Alle et l'Omuleff, ainsi qu'on le voit sur la carte.

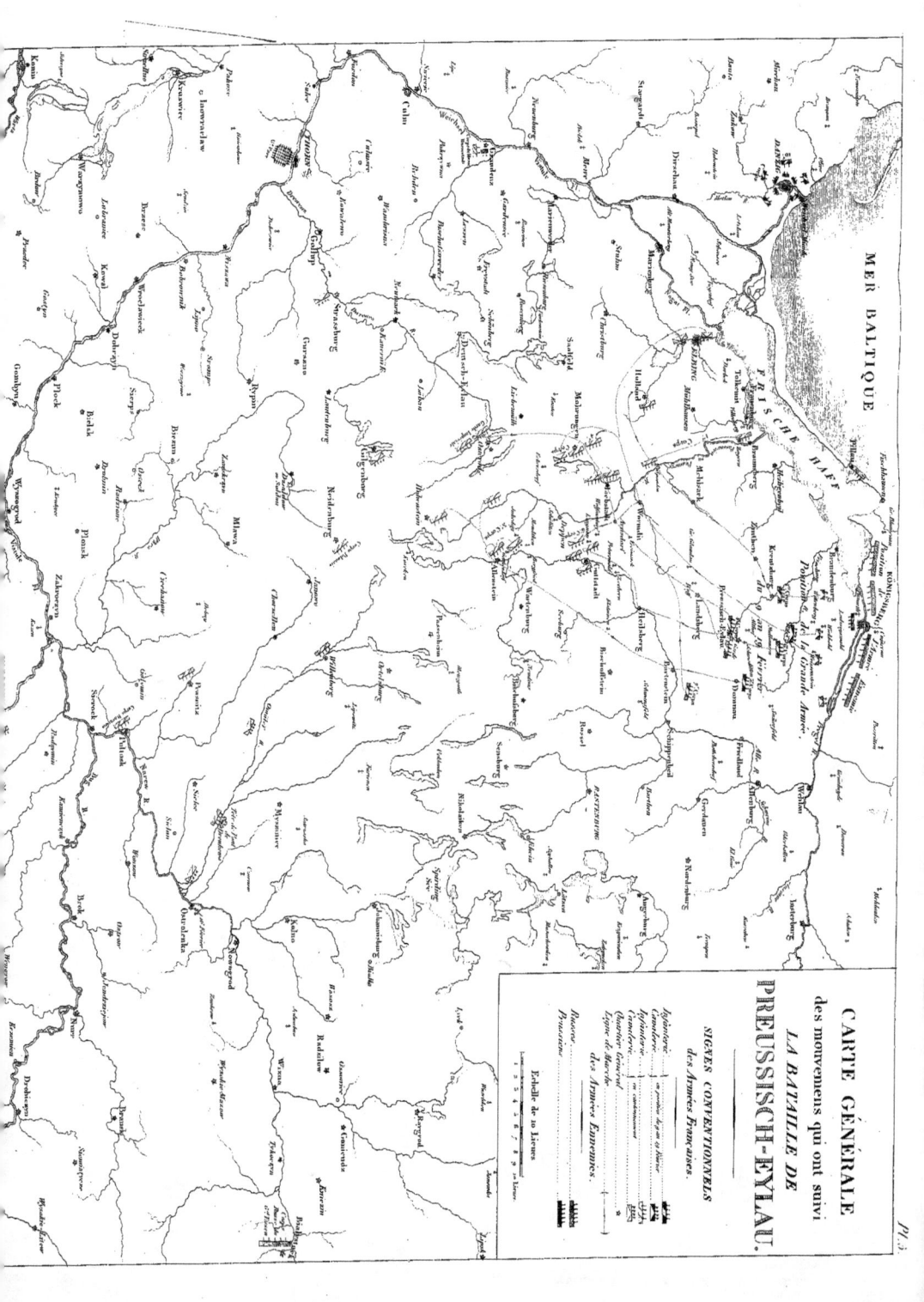

www.ingramcontent.com/pod-product-compliance
Lightning Source LLC
Chambersburg PA
CBHW062010070426
42451CB00008BA/582